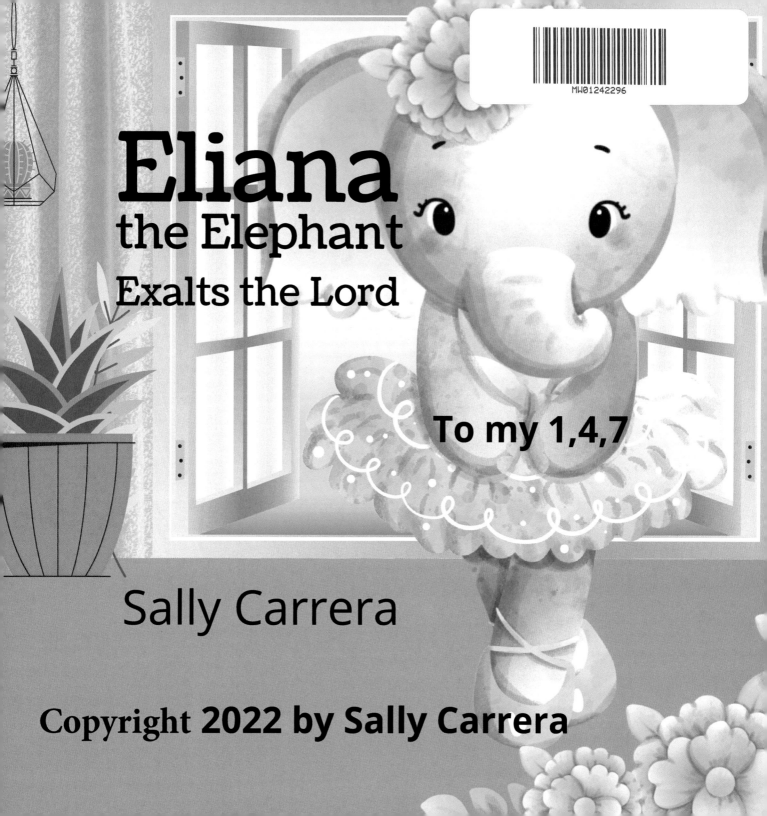

Eliana
the Elephant
Exalts the Lord

To my 1,4,7

Sally Carrera

Holy,
Holy,
Holy
Is the Lord

Santo, Santo,
Santo es el Señor

My lips praise you because your faithful love is better than life itself!

Porque tu misericordia es mejor que la vida, mis labios te alabarán

Llena está mi boca de tu alabanza y de tu gloria todo el día.

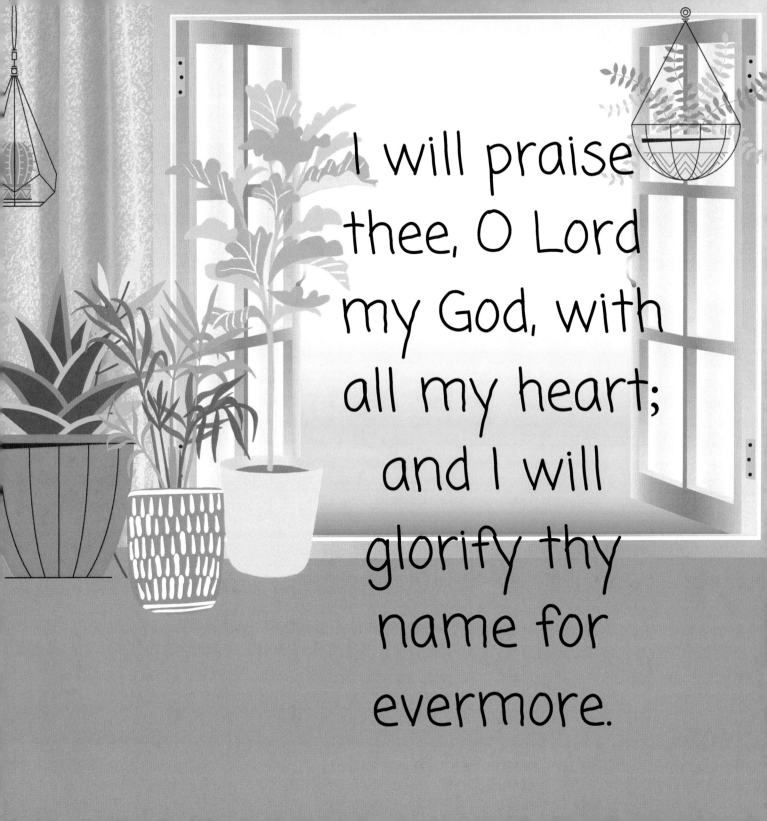

I will praise thee, O Lord my God, with all my heart; and I will glorify thy name for evermore.

Te daré gracias, Señor mi Dios, con todo mi corazón, y glorificaré tu nombre para siempre.

Bendice, alma mía, al SEÑOR, y no olvides ninguno de sus beneficios.

Canten al SEÑOR un
cántico nuevo;
Canten al SEÑOR,
toda la tierra.

Enter his gates with thanksgiving, and his courts with praise! Give thanks to him; bless his name!

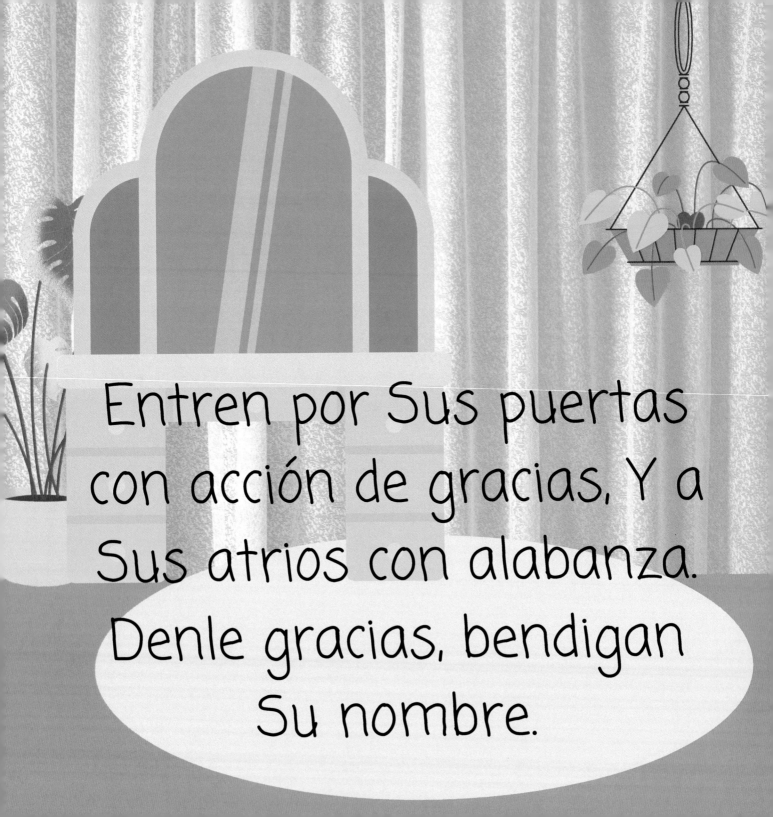

Entren por Sus puertas con acción de gracias, Y a Sus atrios con alabanza. Denle gracias, bendigan Su nombre.

Thank you for joining me! Continue to praise the Lord everyday! Jesus loves you!

25726479R00020